Manfred Kyber

Genius Astri

33 Dichtungen

Manfred Kyber

GENIUS ASTRI

33 DICHTUNGEN

MICHAELS VERLAG

MANFRED KYBER – »GENIUS ASTRI«
Herausgegeben von Robert B. Osten

Neuauflage 2026
(Originalausgabe 1918 Manfred Kyber)

Veröffentlicht im Michaels Verlag, Alle, JU/ CH,
Eine Marke der Sentovision GmbH/ S.A.R.L.
www.michaelsverlag.de

Vertrieb und Produktsicherheit EU:
Synergia Auslieferung GmbH
Industriestr. 20
64380 Roßdorf
www.synergia-auslieferung.de

Umschlag: fotolia.com
Coverdesign und Satz: Robert B. Osten

Printed in EU
ISBN: 978-3-89539-645-8

Bibliografische Informationen der Deutschen Bibliothek:
Die Deutsche Bibliothek verzeichnet diese Publikation
in der deutschen Nationalbibliographie; detaillierte bibliographische Daten
sind im Internet unter http://dnd.ddb.de abrufbar.

INHALTSVERZEICHNIS

MEDITATION.

Wer mit den Augen
der Andacht geschaut,
wie die Seele der Erde
Kristalle baut,
wer die Flamme
im keimenden Kern gesehn,
im Leben den Tod,
Geburt im Vergehn –
wer in Menschen und Tieren
den Bruder fand
und im Bruder
den Bruder und Gott erkannt,
der feiert am Tische
des heiligen Gral
mit dem Heiland der Liebe
das Abendmahl –
er sucht und findet,
wie Gott es verhieß,
den Weg
ins verlorene Paradies.

DER WEG DES MOSES.

Um mit reichen Händen zu geben,
musst du mit leeren Händen stehn.
Von den Bäumen, die du gepflanzt hast,
wirst du niemals die Früchte sehn.

Wandern wirst du, ein ewiger Wandrer,
nach einem fernen Sternenbild.
Suchen wirst du in ewiger Sehnsucht,
einer Sehnsucht, die nie gestillt.

Stehen wirst du auf einsamer Höhe,
wie Moses auf einsamer Höhe stand.
Wer sich zum Führer der Menschheit opfert,
schaut nur ferne sein heiliges Land.

GENIUS ASTRI.

Durch die Kette deiner Leben
erdennah und erdenfern –
immer segnend dir zu Häupten
hält dein Engel deinen Stern.

Geh in Grauen, Not und Schande,
wandre aller Hoffnung bar,
auch im allertiefsten Dunkel
flammt das Licht, das ewig war.

Unter Dornen, unter Rosen,
unbeirrt seit Urbeginn
leuchtet über deiner Seele
das urewige ‚Ich bin'.

Jede Nacht kannst du es schauen,
neu zu jedem neuen Tag
rührt dich reinigend und sühnend
deines Engels Schwingenschlag.

Und befreit die Todesstunde
deines Wesens wahren Kern –
heimwärts in die ewige Heimat
trägt dein Engel deinen Stern.

ROSENKREUZ.

Wenn du den Weg der Wege,
Wandrer, zu wandern gewillt –
ein Kreuz mit sieben Rosen
ist deiner Wanderung Bild.

Dein Kreuz, an das du geheftet,
muss mit dir verbrennen, verglühn,
bis aus der Asche des Kreuzes
deine sieben Rosen blühn.

AD ASTRA.

Nimm mich auf in deine Einheit,
aller Leben einiges All,
bade rein mich in der Reinheit
deines Meeres von Kristall.

Gib mir jenen Trank zu trinken,
der Vergessenheit verleiht,
lass die Seele sehnend sinken
in den Ring der Ewigkeit –

wo in diamantnen Fernen
Stern um Stern im Äther kreist.
Sternenengel, zu den Sternen
leite meinen ewigen Geist.

DER RUFER IN DER EINSAMKEIT.

Sei verbunden Seinem Bunde,
aller Wesenheit geweiht
mit dem Blut aus Seiner Wunde –
künde Seines Kelches Kunde,
Rufer in der Einsamkeit.

Werde Träger Seiner Male,
Er in dir und du in Ihm.
Einmal in topasnem Saale
neigt sich dir des Grales Schale
aus der Hand der Cherubim.

EWIGKEIT.

Immer wieder und wieder
steigst du hernieder
in der Erde wechselnden Schoß,
bis du gelernt im Licht zu lesen,
dass Leben und Sterben eins gewesen
und alle Zeiten zeitenlos.
Bis sich die mühsame Kette der Dinge
zum immer ruhenden Ringe
in dir sich reiht –
in deinem Willen ist Weltenwille,
Stille ist in dir – Stille –
und Ewigkeit.

DER STERN VON JERUSALEM.

Einmal wird diese Wanderung enden,
der letzte Schleier der Maja fallt
und der Tod mit liebenden Bruderhänden
führt dich in die entsiegelte Welt.

Aus deinen irdischen Augen, die starben,
blühn neue, lotosblumengleich,
und schauen erschauernd erahnte Farben
auf der Erde verlassenem Reich.

Dann lenke die Blicke wiedergeboren
ins Violett des Ostens hinaus:
mit goldenen Hallen, topasenen Toren
schaust du der ewigen Heimat Haus.

Verklärt in aller Klarheit Kristallen,
flammt aller Sterne Sterndiadem
mit topasenen Toren und goldenen Hallen–
die ewige Stadt – Jerusalem.

TOD.

Auf welke Blüten musst du schauen,
auf Blätter, die der Wind verweht.
Dem Tod, dem Tod musst du vertrauen,
dem Einzigen, der dich hier versteht.

Er führt dich ein zu deinem Meister,
er lehrt dich, schlummermüd und sacht,
den wachen Schlaf der ewigen Geister
im Frieden der gestirnten Nacht.

Bis lautlos ineinandergleitet
in deiner Seele Lust und Leid
und er dich segnend heimgeleitet
zur Wiege aller Wesenheit.

DER GEWEIHTE DES GRALES.

Alle Tiere sind Gottes Geschöpfe –
bringe ihnen der Liebe Gral
und tilge von deiner entweihten Stirne
der Menschheit blutiges Kainsmal.

Alle sind deine Brüder und Schwestern,
mit dir in die Kette der Dinge gereiht.
Erst wenn das letzte Geschöpf befreit ist,
bist du, Befreier, selber befreit.

Über allem, was atmet, halte schirmend,
Geweihter des Grales, deinen Schild.
In allem, was atmet, bist du und dein Leben
und Gottes Ebenbild.

DER HÜTER DER SCHWELLE.

Jede neue Stufe ins Helle
ist neuer Währung Wert.
Vor ihr mit flammendem Schwert
steht der Hüter der Schwelle.
Vor jeder Stufe wache und bete.
Dass deine Seele rein
den neuen Tempel betrete,
muss sie selber ein Tempel sein.
Bis einst in heiliger Helle
zu ihres Ursprungs klarer Quelle
sich klärt
des Willens wandernde Welle –
hüte mit flammendem Schwert,
hüte uns, Hüter der Schwelle...

ICH LASSE DICH NICHT.

In den Sinn des Seins zu dringen,
halte in dir selber die Wacht.
Du selber musst Nacht für Nacht
mit deinem Gotte ringen.
Und wenn Sein erstes Sonnenlicht
durch die Nacht deiner Seele bricht
und Er dir in dir selbst begegnet –
lasse Ihn nicht,
eh dass Er dich gesegnet.

SONNENAUFGANG.

Es kommt eine Stunde, du Menschenkind,
wo all deine Lampen erloschen sind,
wo all deine glutenden Feuer verglüht,
und all deine duftenden Blumen verblüht,
wo, keiner holden Täuschung vereint,
keine Bande, dich binden –
deine Augen, die so viel geweint,
keine Tränen mehr finden.

Es kommt eine Stunde, du Menschenkind,
wo all deine Lampen erloschen sind –
wo kein Leben lockt und kein Lachen lacht
und kein Stern dir leuchtet in deiner Nacht.
Wo selbst dein Tempel, den du geglaubt
in Ewigkeit zu bauen,
dir, seines Hochaltars beraubt,
versinkt in Grab und Grauen.

Es kommt eine Stunde, du Menschenkind,
wo all deine Lampen erloschen sind ...
Dann ist es Zeit –
dann geh – ein Bettler im Bettelkleid –
in deiner Seele unnennbare Einsamkeit.
Dann suche dir einsam den eigenen Pfad
die Berge hinauf – bis zum höchsten Grat.

Dort kniee nieder und falte die Hände,
es ist ein heiliger Ort
und sein Name und Wort
ist ohne Anfang und Ende.
Es wird dunkel und einsam um dich sein
und du bist allein ...

Dort wache und warte, ergeben und still,
wachen musst du und warten.
Einmal wird es sein,
dass dein Engel dir öffnen darf und will
die Tore zum ewigen Garten.

Einmal wird es sein,
dass überleuchtet vom eigenen Licht
die Sonne über die Berge bricht.
Einmal, einmal wird es sein –
Er tritt zu dir – du bist nicht mehr allein.
Die Sonne ging auf – Jesus Christ –
überleuchtet vom Licht, das Er selber ist.

INITIATION I.

Schau an die Säulen, die gen Himmel ragen,
die Tore, die der Isis Namen tragen,
schau an – vielleicht zum letzten Mal.
Noch ruht in deiner Hand die Wahl.
Steigst du als Sieger auf, fällst du Besiegter nieder –
die Tore, die der Isis Namen tragen,
sie öffnen sich dem Sterblichen nicht wieder.

Noch stehst du an des Tempels Pforte,
noch denke an die Warnungsworte:
kein Sterblicher hat Isis je enthüllt.
Willst du erschaun der Göttin wahres Bild,
willst du um ewige Weisheit werben –
ein Lebender musst du im Leibe sterben.

Bist du bereit, den dunklen Gang zu gehn,
mit deinen Augen in dein eignes Grab zu sehn?
Noch bist du nicht im Dunkel und allein.
Noch ist es Zeit.
Noch loh'n die Fackeln und der Sterne Schein
schreibt zitternd blasse Zeichen in den Stein.
Bist du bereit?

– – –

Im Dunkel liegt das Haus.
Die Tore schlagen zu.
Die Fackeln löschen aus.

INITIATION II.

Vertrau dem Licht in dir, dem Gott in deinem Sein,
dann gehst du stark und rein
den Gang durch Grab und Grauen bis zum Ende
und Tod und Leben reichen sich die Hände.

Es werde Licht –
und auf des Tempels höchsten Stufen
von Angesicht zu Angesicht
schaust du die Wesenheiten, die dich schufen,
schaust unter dir zu deinen Füßen
vergangne Leben aus der Dämmerung grüßen.

Isis entschleiert, Horus ward geboren,
Osiris ist in dir erwacht.
Und neben dir blickt traumverloren
der Sphinx in die gestirnte Nacht.

DER BRUDER DES GAUTAMA BUDDHA.

Ein Käfer wanderte mühsam im Sand.
Der Pilger Buddhas sah ihm nach,
er schlug das Hakenkreuz mit der Hand
und sprach:
»Der Erhabene segne deinen Pfad,
mein kleiner Bruder im Lebensrad.«
Da kam ein König des Wegs daher,
der den Käfer trotzig zertrat.

Der Pilger Buddhas sah den König an:
»Du Knabengeist in einem Mann,
wer ist mehr,
du oder der Käfer im Staube?
Hierin ist Weisheit, Liebe und Glaube.
Denkst du, dass Brahma dich einst erkennt,
wenn dich kein Größerer seinen Bruder nennt?
Kein Meister bietet dir seine Hand,
eh du nicht im Kleinsten den Bruder erkannt.
Hierin ist Weisheit, Liebe und Glaube.
Du gekrönter Narr, schau her:
du und ein Tier im Staube –
wer ist mehr?
»Gautama nannte es Bruder – bist du größer als er?«

Der König im Staub der Straße stand
und der Käfer, die Flügel im Licht gespannt,
flog ins Sonnenland
zu dem, der ihn seinen Bruder genannt.
– – –
Nur Bruderhände ziehn dich hinan
Stufe um Stufe zum Devachan.

SALOME

Im Königssaale bei Fackelschein
tanzt der Herodias Töchterlein.
An den gleitenden Gliedern Geschmeide klirrt,
ihre Augen locken, ihr Lachen girrt.
Sie tanzt, dass sie allen den Atem raubt
und sie tanzt um eines Menschen Haupt.
»Salome, nenne mir deinen Lohn!«
ruft Herodes jauchzend vom Königsthron.

»Frag was du magst! Was du forderst, sei dein!«
Da hält der Herodias Töchterlein
im Tanze ein.
»Ich will keine Krone, ich will kein Land,
ich will keines Königs königliche Hand.«

»Judäas Vierfürst, schweige und höre still:
ich will
das Haupt Johannes des Täufers.« ...

Da geht ein Grauen durch den Saal,
die Cymbeln schweigen, das Licht wird fahl.
Und Salome wartet, stumm und blass,
bebend vor Liebe und bebend vor Hass –
bis ihr in ihrer Sehnsucht Nacht
der Henker das Haupt des Täufers gebracht ...

»Ihr Fackeln, loht!
Ihr Cymbeln, jubelt! Nun ist er tot!
Nun ist er mein!«

Gesiegt hat Herodias' Töchterlein.
Sie fühlt sein Blut und sein Blut ist warm
und sie windet den weichen Mädchenarm
um das Haupt Johannes des Täufers...

– – –

Jahrtausende kommen, Jahrtausende gehn,
und noch immer kann man dasselbe sehn.
Wo immer ein Großer in Einsamkeit steht,
da naht der Herodias Tochter und fleht
um das Haupt Johannes des Täufers.
Das Weib, das tanzend dem Tod übergibt
den, den sie gehasst, weil sie ihn geliebt.
Immer wieder, juwelen- und goldbestaubt,
tanzt Salome um des Täufers Haupt.

HELLAS

Und Orpheus starb. Des Waldes Tiere weinen.
Die Leier, der sie lauschten, sie ist stumm.
Die Nacht brach ein und ihre Sterne scheinen
auf eines toten Gottes Heiligtum.

Mein Hellas, deine Sonne ist versunken
in deines blauen Meeres Silberrand.
Der Wein, den die Bacchantinnen getrunken,
rinnt aus zerbrochnen Bechern in den Sand.

Mein Hellas, deiner Königshand entwunden
ist der Mänaden froher Thyrsusstab.
Mein Hellas, abgelaufen sind die Stunden
und deine Freudentempel sind ein Grab.

Dein holder Garten, Hellas, ward zur Wildnis
und ausgeträumt ist deiner Schönheit Traum.
Um der gestürzten Götter Marmorbildnis
reckt welkes Laub dein heiliger Lorbeerbaum.

In wilder Wehmut durch verwaiste Haine,
mein Hellas, deine Orpheusklage weint.
Voll Sehnsucht suchst du in der Sterne Scheine
den Geist, der aller Griechen Geist geeint.

Die ewigen Sterne werden nicht vergehen –
nicht Orpheus starb, um den die Klage klagt.
Du selber, Hellas, starbst, um einst zu sehen
durch ihn die Sonne, die im Osten tagt.

DIE KATZE DES PROPHETEN.

Mohammeds Lieblingskatze schlief,
gewählt den Mantel des Propheten sich zum Bette,
dass sie den Meister, den sie liebte, nahe hätte –
als alle Gläubigen zum Gebete rief
des Wächters Ruf vom Turm der Minarette.

Da dachte der Prophet: von Gottes Throne
ruft das Gesetz zum Beten stark und laut,
doch stark und still verlangt es, dass ich schone
den Schlummer des Geschöpfes, das mir traut.
Das Laute und das Stille sind Gesetze –
wie acht' ich beide, dass ich keins verletze?

Er schwankte – und behutsam mit der Hand
zerschnitt der Meister Allahs sein Gewand.
Das Tier schlief weiter in versonnter Ruh,
er aber wandte sich dem Osten zu,
um sich in Demut dem zu neigen,
dem alles Leben heilig und zu eigen.

In jenem Augenblick hat der Prophet
zweifach dem Ewigen geopfert im Gebet:
einmal, als er zu Allah rief
sein Nachtgebet, das allgewohnte,
das zweite Mal, als er den Schlummer schonte
der Katze, die auf seinem Mantel schlief.

Und Allah sprach: »Wer so Gebete beut,
schreibt Worte in die Welt, die ewig reden.
Du und das Tier, das du betreut,
seid beide einst im Gottesgarten Eden.«

MARIA MAGDALENA.

Ihr Herren und Frauen auf hohlem Thron,
nicht ihr seid die Nächsten zum Gottessohn.
Vergesst nicht, wer euch zuerst gebracht
die Kunde vom Wunder der Osternacht.
Gehabt euch bescheiden mit eurem Bann
und schlagt es in Kirchen und Herzen an:
die Erste, die den Erstandenen sah,
war Maria von Magdala.

SANKT MICHAEL.

Und wieder ersäuft sich in Tränen und Blut
die Menschheit in der eigenen Flut.
Und wieder treibt sie der Hochmut zu Häuf
und sie richten den Turm zu Babel auf.
Sie schleppen Stein um Stein heran
und beten wie einst zu Ahriman.
Und Tausende taumeln in Schuld und Schmach,
Verblendete, den Verblendern nach.
Die Menschheit geht wieder der Finsternis Pfad,
wie immer, bevor sich ein Gott ihr genaht.

Die Steine wanken, der Turmbau fällt...
Hüte dich, du ahrimanische Welt!
Die Welt droht dunkel – im Osten ist's hell –
es steht wieder ein Stern über Israel.
Ihr Wenigen, brennt die Lampen und wacht,
Er wird kommen wie ein Dieb in der Nacht.

Ihr Wenigen, die ihr Wege weist,
bereitet die Bahn dem kommenden Geist.
Die Welt droht dunkel – im Osten ist's hell –
es steht ein Stern über Israel.
Nun schwinge dein Schwert, Sankt Michael!

MEDITATION II.

Nimm einen Sonnenblumenkern und pflanze
ihn in der Erde Mutterschoß
und warte andachtsvoll: er ringt sich los,
ein kleiner Stiel reckt sich im Sonnenglanze
er wächst, wird stark und groß,
umarmt von seiner Blätter grünem Kranze –
bis sich das Ganze
sonnenüberglüht
zur Knospe krönt und eine Blume blüht.

Und in der Blüte, Kern an Kern gereiht,
ruht tausendfältig künftige Wesenheit.
Und pflanzest du die tausend Kerne wieder ein,
es wird dasselbe Bild, dasselbe Gleichnis sein.
In tausend Blüten, abertausend Keime senke
die Seele allumfassend – und dann lenke
langsam und rückwärtsschauend
die Gedanken heim –
und denke:
das alles war im ersten Keim.

ROSENBLUT.

Wie rot und rein die Rose ruht
in ihrer Blätter Schoß
und gießt ihr blühend Rosenblut
ins Licht, begierdenlos –
eins mit dem Weltenwillen – also werde
die Seele auf der Wanderung dieser Erde.
So rosenrein, bis frei von aller Qual,
sie selig blutet in das Blut des Gral.

BEFREIUNG.

Den Schmerz bezwinge, der um Formen trauert,
gedenke dessen, was ewig dauert.
Der Glockengießer, der sein Werk vollbringt,
zerstört die Form – und seine Glocke klingt.
So auch zerstört mit seinem Schwingenschlag
der Tod die Form,
auf dass die Seele tönen mag.

ZWISCHEN DEN ZEILEN DES LEBENS.

Nicht die Dinge, die kommen und eilen,
die Lust und Leid deiner Seele teilen,
sind deines Lebens wahrer Kern.
Er ruht ungreifbar – sinnenfern –
zwischen des Lebens Zeilen.
Tausend Gefahren, die dich umlauert
und die du nie gesehn,
zwischen den Zeilen stehn.

Verlornes, um das du nie getrauert,
Freuden und Leiden, eng verbunden,
die niemals den Weg zu dir gefunden.
Was könnte sein – was wäre gewesen –
steht zwischen den Zeilen des Lebens zu lesen.

In die Zukunft, in ferne Weiten
spinnen sich tausend Möglichkeiten.
Alles ist sinnvoll, nichts war vergebens,
alles ist ineinander gewebt.

Das wahre Leben lebt
zwischen den Zeilen des Lebens.

DER SCHLAF.

Der Schlaf ist heilig. Wenn die Nacht sich neigt
herab mit ihren sterngeschmückten Schwingen,
löst sich der Geist vom Leib und steigt
empor zur Heimat, die er nie erreicht,
wenn ihn des Körpers Fesseln zwingen.

Der Schlaf ist heilig. Sein umflorter Schleier
hüllt das Vergängliche in seine Nacht.
Das Geistige in dir erwacht
und rührt die sieben Saiten seiner Leier
allabendlich zur Auferstehungsfeier.

Der Schlaf ist heilig. Heilig halte ihn
als deines Seins verhangne Tempeltüre,
dass er dein ewiges ‚Ich bin'
allnächtlich zu des Daseins Sinn
aus deiner Tage wirrer Wildnis führe.

Er trägt dich fern von Lust und Qualen,
die du in seinem Schoß vergisst,
in blaue Flammenfernen des Astralen,
in dem sich tausend lichte Farben malen,
in dessen Formen, Wesenheit und Zahlen
dein eigentliches Leben ist.

Er lehrt dich sterben, auferstehen,
im Tag den Trug, im Schlaf das Wachen sehen.
Der Schlaf ist heilig. Bette sanft und sacht
die Seele ein in seinen Engelsarmen
und denke: neben ihm im Allerbarmen
hält Nacht für Nacht
der Tod, sein Bruder, treue Tempelwacht.

DIE TOTEN.

Die Toten starben nicht. Es starb ihr Kleid.
Ihr Leib zerfiel, es lebt ihr Geist und Wille.
Vereinigt sind sie dir zu jeder Zeit
in deiner Seele tiefer Tempelstille.

In dir und ihnen ruht ein einiges Reich,
wo Tod und Leben Wechselworte tauschen.
In ihm kannst du, dem eignen Denken gleich,
den stillen Stimmen deiner Toten lauschen.

Und reden kannst du, wie du einst getan,
zu deinen Toten lautlos deine Worte.
Unwandelbar ist unsres Geistes Bahn
und ewig offen steht des Todes Pforte.

Schlagt Brücken in euch zu der Toten Land,
die Toten bau'n mit euch am Bau der Erde.
Geht wissend mit den Toten Hand in Hand,
auf dass die ganze Welt vergeistigt werde.

GLOCKENGIESSER.

Du darfst des Lebens bunte Lichter
allein nur deinem Engel weihn
und musst, bist du der Wahrheit Dichter,
des Geistes Glockengießer sein.

Die Formen musst du bau'n und schließen
mit deiner Seele Aschenglut,
des Geistes Glocken drin zu gießen,
den du erkauft mit deinem Blut.

Dein Herz wird in der Brust zerspringen,
so wie dir Form um Form zerbricht –
doch deine Glocken werden singen
in Ewigkeit das Lied vom Licht.

DER WÄCHTER DER LAMPE.

Wachsein ist alles. Es kommt die Nacht
und keiner wird keinen erkennen.
Haltet Wacht
und lasst die Lampen brennen.

Alles Werden ist wankend und ungewiss,
aber alles Ziel ist Reife.
Und das Licht leuchtet in der Finsternis,
auf dass sie es einst begreife.

GOLGATHA.

Die neunte Stunde hatte geschlagen.
Die Erde bebte, atemberaubt.
Da neigte der Gott, der das Kreuz getragen,
Sein dornengekröntes Haupt.
Aus Seiner Liebe Opferschale,
blutete Sein Erlöserblut.

Wiedergeweiht im heiligen Grale
war alle Schöpfung, die in Ihm ruht.
Wiedergekürt und wiedererkoren
war, was aus tausend toten Toren
dem Tod in die tausend Augen sah.
Die Sonne ward in die Erde geboren
im Mysterium von Golgatha.

VOX HUMANA.

Nieder stieg ich zu vergessen,
was ich einst im Licht besaß
und doch nie bewusst besessen,
weil ich es noch nie vergaß.

Durch Vergess'nes muss ich dringen,
selber muss ich, geistgeweiht,
in Erinnerung erringen
meines Wesens Wesenheit.

Graben muss ich Grabeshügel,
sterben lassen, was erstarb,
bis der Freiheit Flammenflügel
sich mein eignes Ich erwarb.

Bis die Worte in mir reden,
die ich unbewusst gewusst,
bis in mir der Garten Eden
mein wird in der eignen Brust.

VOX COELESTA.

Lasst euch helfen, lasst euch halten –
aufwärts zieht der Engel Heer,
vielgestaltige Gestalten,
Mächte, Throne und Gewalten –
aufwärts zum kristallnen Meer.

Aller Mühe, allem Ringen
gibt die heilige Schar Geleit.
Jedes Wesen zu durchdringen,
breitet schirmend seine Schwingen
eine Bruderwesenheit.

Lasst euch helfen, Helferhände
sind euch segnend zugesellt,
scharfen rastlos ohne Ende
eurer Seelen Sonnenwende
und die Osternacht der Welt.

Lasst entsiegeln eure Sinne,
werdet Blut von Seinem Blut,
dass ihr ruht in Maienminne,
wo im Schoß der Urbeginne
Judas rote Rose ruht.

VOX SUPREMA.

Alles Leben auf aller Erden
sucht durchsonnt der Sonne Gesicht.
Alles Sein, Vergehn und Werden
ist vergottet in Gottes Licht.

Auf aller Erden alles Leben
reicht sein Leben der Sonne hin –
Geist dem Geist zurückzugeben,
den sieben Elohim im Urbeginn.

Küstenfeuer

Der Tod und das kleine Mädchen

Von Manfred Kyber

In dem hier vorliegenden Büchlein werden die Leser hineingesogen in die bunte Welt Manfred Kybers.

Küstenfeuer ist eine Geschichte von großer Intensität und sprachlicher Dichte.

„Unserer nur aufs Äußere gestellten Zeit tut solch innerliches Werk not. Wir kommen wieder in ein neues, aber innigeres Verhältnis zur Schöpfung."

Süddeutsche Zeitung

„Die Struktur des Dramas verblasst beim Lesen des Büchleins, das sie nicht weglegen mögen bis zum Ende der Geschichte. Und ihre Seele sehnt sich nach einem weiteren Werk."

Matrix3000

Michaels-Verlag, 2011, 80 Seiten, Kartoniert
ISBN: 978-3-89539-634-2

Der Schmied vom Eiland

Von Manfred Kyber

Manfred Kyber ist ein Meister der Worte, ein Meister, der es versteht, Herz und Kopf bei den Lesern zu öffnen.

Bekannt wurde Kyber mit seiner romantischen Lyrik, die die verschiedenen Seelenschichten anspricht.

Sein bekanntestes Werk „Die drei Lichter der kleinen Veronika", sein kompletter Märchenschatz, seine Theaterstücke und seine Grotesken und Fabeln, sie alle können sich erst in ihrer Fülle offenbaren, wenn man Zugang zu seiner Poesie gefunden hat.

Michaels-Verlag, 2011, 80 Seiten, Kartoniert
ISBN: 978-3-89539-656-4

Nordische Geschichten

Von Manfred Kyber

Manfred Kyber hat eine wunderschöne klare Sprache, einen Klang schwingt in jedem Satz wie er nur selten zu finden ist. Nordische Geschichten sind kurze Geschichten die einen unmittelbar berühren, Sie sind kleine Oasen in einer immer mehr verödenden Welt. Es sind kleine Sterne an denen sich der Seefahrer orientieren kann, wenn die Wellen des Lebens drohen das man untergeht im Alltäglichen.

„Und da bitte ich Dich, nimm Dich meines Jungen an und erziehe ihn, dass er anders wird wie sein Vater und doch nicht so wie alle andern, die anders sind. Ich bitte Dich ganz ruhig darum und weiß, dass Du es ganz gewiss tun wirst."

„Heddi und ich werden wohl nicht in den Himmel kommen, wie die frommen Leute, aber ich glaube, dass wir beide auf einen Stern gehen werden, weil wir uns so lieb gehabt haben"

Michaels-Verlag, 2012, 108 Seiten, Kartoniert
ISBN: 978-3-89539-637-3

Genius Astri

und Die Frau am Meer

Von Manfred Kyber

Einmal mehr dürfen wir uns von Manfred Kybers Ge- danken und Sprachwelt verzaubern lassen.

»Über ein Jahr war vergangen. Wieder war es eine Osternacht und Würzburg lag in tiefer Ruhe zwischen den blauen Bergen. Nur die silbernen Mondstrahlen husch- ten durch die winkligen Gassen und verfingen sich hier am seltsamen Schnörkelwerk der Mauern und dort an einem kleinen Madonnenbilde, das in einer Erkernische in den Stein gemeißelt war. Ganz still war es in den Gassen. Nur selten hallte der Tritt eines einsamen, ver- späteten Nachtschwärmers, von den dicken, alten Klos- termauern wieder. Herr Julius Echter von Mespelbrunn stand groß und hoch in seinem Steinkleide wie immer vor dem Spital, mit dem Krummstab in der Hand und mit dem spitzen Bischofshut auf dem Haupt. Und wie das Mondlicht ihn streifte, war s, als ob sein steiner- nes Auge Leben bekäme und sehnend und segnend auf Würzburg hernieder schaute auf die Klöster, Kirchen und krummen Gassen und auf die fernen, blauen Berge hinter dem Maintal.«

Michaels-Verlag, Neuauflage 2026, 96 Seiten, Kartoniert
ISBN: 978-3-89539-643-4